Wydawnictwo LektorKlett
ul. Polska 114
60-401 Poznań
tel. 61 849 62 01
faks 61 849 62 02

© Copyright © 2013 by Giunti Editore S.p.A., Firenze-Milano, www.giunti.it

© for the Polish licence editions: Wydawnictwo LektorKlett, Poznań, 2016

Original title: Perché il buio è cosi nero?

Tekst i ilustracje: Silvia Serreli
Opracowanie psychologiczne: Magdalena Lange-Rachwał
Redakcja serii: Katarzyna Rutkowska
Projekt graficzny: Romina Ferrari

ISBN: 978-83-8063-186-1

Wydanie I

10696

www.akademiainteligentnegomalucha.pl

SiLViA SERRELi

LENA

DLACZEGO CiEMNOŚĆ JEST CZARNA?

Drodzy Rodzice!

Z lękiem przed ciemnością boryka się większość dzieci. Bardzo często łączy się on z problemami z zasypianiem, wołaniem lub płaczem, kiedy maluch obudzi się w nocy, albo niechęcią do spania we własnym łóżku. Czy należy go zwalczać? W jaki sposób rodzice powinni reagować, kiedy ich pociecha mówi, że boi się zasypiać?

CZY ISTNIEJE DZIECIŃSTWO BEZ LĘKU?

Lęk jest częścią naszego życia. Pełni w nim istotne funkcje – jest hamulcem powstrzymującym przed ryzykownymi zachowaniami, wyostrza zmysły i pozwala szybciej reagować w sytuacjach niebezpiecznych. Często lęk jest mylony z odczuwaniem strachu. Warto jednak odróżnić strach od lęku. Ten pierwszy informuje o realnym zagrożeniu, drugi jest odczuwany w sytuacjach przewidywanego zagrożenia (dodajmy, że nie zawsze trafnie). **Lęk to uczucie bardzo nieprzyjemne, stąd też często rodzice pragnęliby ochronić przed nim dzieci. Po pierwsze – nie da się tego zrobić, po drugie – lęki w życiu maluchów mają znaczenie rozwojowe.** Zadaniem rodzica jest nauczyć dziecko radzić sobie z tym uczuciem, a nie budować dziecku świat bez niego.

NAJBARDZIEJ TYPOWE DZIECIĘCE LĘKI

Warto wiedzieć, że niektóre lęki występują u dużej części dzieci w danym okresie rozwojowym. Najbardziej typowe lęki wieku przedszkolnego to:
- w wieku 3 lat – maski, ciemność, zwierzęta, separacja od rodziców,
- w wieku 4 lat – separacja od rodziców, zwierzęta, ciemność, hałasy (np. w nocy),
- w wieku 5 lat – zwierzęta, „źli" ludzie, ciemność, separacja od rodziców, zranienia,
- w wieku 6 lat – obiekty nadnaturalne (np. duchy, wiedźmy, potwory), rany cielesne, pioruny i błyskawice, samotne zasypianie, separacja.

Widać więc wyraźnie, że lęk przed ciemnością jest typowym lękiem rozwojowym występującym u młodszych dzieci. Duża część dzieci, a więc i rodziców, musi się z nim zmierzyć.

DLACZEGO NIE MÓWIĆ „NIE BÓJ SIĘ"

Kiedy dziecko się boi, nie należy bagatelizować tego, co czuje i mówić mu: „przecież to nic strasznego, nie przesadzaj". Bezwzględnie nie należy także dziecka ośmieszać lub zawstydzać albo zostawiać, żeby samo sobie poradziło. **W sytuacji, gdy dziecko się boi, potrzebny jest mądry i wspierający dorosły. Chociażby ze względu na to, że dziecku i jego uczuciom należy się szacunek.** Maluch nie może nabrać przekonania, że to, co czuje, jest niewłaściwe, „głupie" lub śmieszne, ponieważ straci zaufanie do siebie i trafności oceny tego, co przeżywa.

POKONUJEMY LĘKI

Najlepszym sposobem na poradzenie sobie z lękami dziecka jest metoda małych kroków, a więc pokonywania poszczególnych stopni lęku z pomocą i przy wsparciu osoby dorosłej. Na przykład, jeżeli maluch obawia się psów, warto zacząć od ich obserwacji z bezpiecznego dystansu (jeżeli lęk jest bardzo duży – nawet od obejrzenia tematycznych obrazków w książce lub zabawnych filmów w internecie), później można ten dystans zmniejszać, uwzględniając komfort dziecka, a następnie być może zaaranżować spotkanie z przyjaznym, małym pieskiem cioci lub sąsiadki. **Na dziecku nie można wywierać presji i obarczać go swoimi oczekiwaniami – pozwólmy mu pokonać lęk w swoim tempie. Dla osób, które się boją, bardzo ważne jest poczucie kontroli dotyczące tego, co się teraz stanie (np. spróbujemy teraz podejść do psa, który jest za siatką).** Pamiętajmy jednak, że musi to być dobrowolna decyzja dziecka – nigdy nie należy go zmuszać. Rodzice powinni mieć świadomość, że warto pokonywać tylko te lęki, które utrudniają dziecku życie. Część z nich przeminie bez ingerencji dorosłych, ponieważ są wpisane w rozwój dziecka.

Dalszego ciągu porady psychologa i dodatkowych zabaw szukaj na końcu książeczki.

Każdy przyjazd wujka Maksa to dla Leny wielkie święto. Wujek jest młodszym bratem mamy, który od kilku lat mieszka za granicą. Lena bardzo go lubi, bo jest młody, ma tatuaż na ramieniu i nosi podarte dżinsy.

– Wujku, przeczytasz mi bajkę na dobranoc? – zapytała pewnego wieczoru Lena.

– Ależ oczywiście! – odpowiedział wujek i wybrał z półki książkę, która opowiada o zwierzętach.

– Zobaczmy, co ciekawego robi rodzina lampartów... – powiedział przed rozpoczęciem czytania.

Kiedy wujek skończył czytać, pocałował siostrzenicę w czoło i wyciągnął rękę w kierunku nocnej lampki, żeby ją wyłączyć...

– Nie! – krzyknęła niespodziewanie Lena.

– Wujku, nie gaś światła!

– Dlaczego nie? – zapytał zdziwiony wujek.

– Nie mów tylko, że boisz się ciemności!

– Tak, bardzo!

– To wielka szkoda... – powiedział wujek poważnym tonem.

– Dlaczego? – zapytała Lena, siadając na łóżku.

– Ponieważ ciemność ma wiele wspaniałych rzeczy do opowiedzenia.

– Co to znaczy?

– To znaczy, że w ciemności kryje się wiele pięknych rzeczy...

– To nieprawda! W ciemności są tylko brzydkie rzeczy! – odpowiedziała Lena.

– Jakie brzydkie rzeczy? – zapytał wujek Maks coraz bardziej zaciekawiony.

– Na przykład czarownice, potwory, orki i wygłodniałe wilki! – odpowiedziała Lena.

– Ale to są tylko fantazje! Pomyśl, że niektóre z tych rzeczy są dla nas straszne, bo ich nie znamy i nic o nich nie wiemy. Dlatego musimy razem poznać ciemność.

Z tą obietnicą Lena pełna ciekawości zasnęła.

Wujek dotrzymał słowa i następnego wieczoru
zapytał ją:

– Jesteś gotowa?

– Taaak! – odpowiedziała siostrzenica pełna
entuzjazmu.

– Chodźmy więc.

Droga, jaką musieli pokonać, była bardzo krótka.
Wyszli na ulicę i usiedli na murku przed domem,
aby obejrzeć księżyc w pełni.

– Leno, lubisz księżyc? – zapytał ją wujek.

– Bardzo! Jest taki okrągły i cały biały!

– A widzisz, księżyc można zobaczyć w takiej postaci tylko wtedy, kiedy jest ciemno. Poza tym w jego świetle całują się zakochani...

– Zakochani, którzy się całują? Fuj! – odpowiedziała Lena, która nie za bardzo lubi te romantyczne rzeczy.

Tego wieczoru, kiedy wujek Maks odprowadzał
ją do łóżka, Lena cały czas mówiła o tym,
jaki piękny jest księżyc. Ale w jednej sprawie
wciąż była zdecydowana:

– Światło zostaje zapalone! – mówiła.

Ale wujek nie poddawał się. Następnego wieczoru chciał kontynuować przygodę.

– Dziś pojedziemy na wycieczkę na wieś! – ogłosił.

– Jedziemy oglądać gwiazdy!

Wujek Maks i Lena wsiedli do samochodu i pojechali na wieś, daleko od miejskich świateł.

– Zobacz, Leno, ile gwiazd! – powiedział wujek.

– Jest ich mnóstwo! Tysiące milionów! – mówiła zachwycona Lena. – Wyglądają jak ślad po magicznej różdżce!

– To naprawdę jest jak magia! I powstaje za sprawą ciemności. Co może być piękniejszego niż rozgwieżdżone niebo?

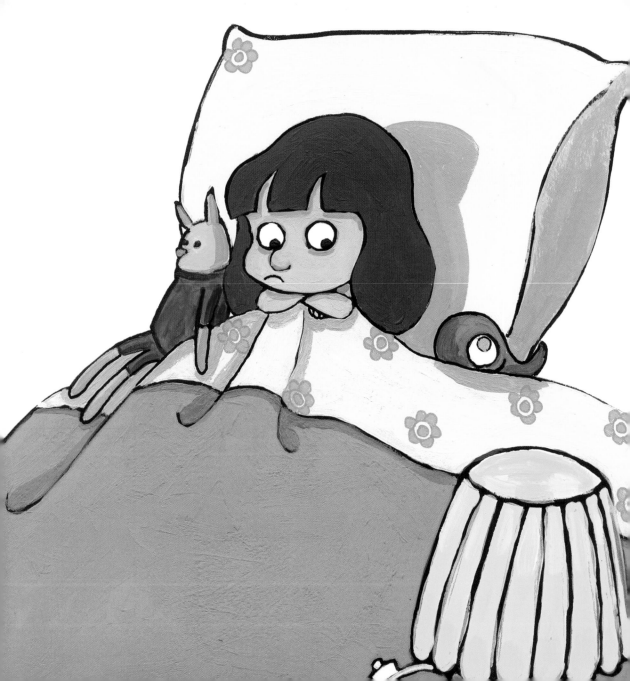

– Gwiazdy są bardzo ładne – mówiła Lena, gdy wujek pomagał jej założyć piżamkę.

– Ciemność robi nam piękny prezent, prawda? Spróbujemy wyłączyć światło?

Lena zastanawiała się chwilę, ale potem powiedziała krótko:

– Nie!

Kilka dni później wujek Maks oznajmił:

– Dziś wieczorem wychodzimy wszyscy razem! Idziemy do miasta na festyn.

Lena była bardzo szczęśliwa, bo lubi stragany z koralami i bransoletkami, no i watę cukrową.

Ale jeszcze bardziej lubi fajerwerki!

Sztuczne ognie zaplanowano na koniec festynu.
W pewnym momencie wszystko okryła ciemność,
a po chwili zaczął się pokaz pełen barw.

– Popatrz, wujku, ten wygląda jak kwiat! A ten jak
fontanna! A tamten jak gwiazda! – krzyczała Lena.

Po festynie wszyscy wrócili późno do domu.

– A więc, Leno? – zapytał wujek tego wieczoru, przykrywając ją kołderką. – Podobały ci się sztuczne ognie?

– Bardzo! Były gigantyczne i takie kolorowe!

– Widzisz, je też podarowała nam ciemność!

A pomyśl – dodał wujek – jak pięknie będzie

w czasie Bożego Narodzenia, kiedy wszystkie ulice

zostaną oświetlone. Ciemność daje nam najpiękniejszą

ze wszystkich rzeczy – magię!

Wujek Maks opowiadał, a oczy Leny stawały się coraz cięższe i coraz bardziej zaspane, aż w końcu same zaczęły się zamykać.

Wujek wyłączył światło i utulił ją do snu.

Magia się spełniła.

Dobranoc!

CIEMNA CIEMNOŚĆ

Lęk przed ciemnością jest jednym z typowych lęków dzieciństwa. **W ciemności dzieci tracą kontrolę, nie mogą korzystać z ważnego dla nich zmysłu wzroku i uruchamia się ich wyobraźnia, która tworzy rozmaite niepokojące obrazy.** Oczywiście istnieje grupa maluchów, dla której ciemność nie jest straszna i które z chęcią i bez problemu zasypiają wieczorem we własnym łóżku.

Jeżeli jednak tak nie jest, warto zapewnić dziecku komfort i zostawić włączoną lampkę nocną. **Nie należy wbrew woli dziecka gasić światła w dziecięcym pokoju. Sen powinien kojarzyć się naszemu maluchowi z relaksem i poczuciem bezpieczeństwa. Zasypianie przy lampce nocnej nie jest niczym złym, nie jest nawykiem, z którym trzeba walczyć.** Można oczywiście – tak jak wujek Leny – pokazywać dziecku pozytywne i piękne aspekty ciemności, oswajać z nią poznawczo. Warto jednak zawsze ostatecznie właśnie dziecku pozwolić podejmować decyzję, czy można zgasić lampkę nocną i uszanować jego postanowienie.

Sen odgrywa w życiu dziecka szczególną rolę – powinien odbywać się o zbliżonej porze, kiedy dziecko jest wyciszone i spokojne. Przed snem zadbajmy o to, żeby maluch nie przeżywał silnych emocji i nie bawił się w głośne i pobudzające zabawy. Ważne są także rytuały, np. czytanie książeczek przed snem czy pozostawanie rodzica w pokoju dziecka, aż do jego zaśnięcia. Często poczucie bezpieczeństwa zwiększa przytulanka, która może być nieodłącznym nocnym towarzyszem malucha.

JAK POMÓC, KIEDY DZIECKO SIĘ BOI

Ważne, aby rodzic wiedział, w jaki sposób wspomóc swoje dziecko, kiedy pojawia się lęk oraz zdawał sobie sprawę, czego nie należy robić. A zatem, drogi Rodzicu:

- postaraj się zrozumieć, dlaczego dziecko się boi,
- oswajaj lęk poprzez rozmowę o nim lub czytanie tematycznych książek,
- nigdy nie ośmieszaj i nie zawstydzaj dziecka,
- nie porównuj go z innymi,
- nie zmuszaj dziecka siłą do pokonywania lęku, kiedy nie jest na to gotowe,
- nie obwiniaj dziecka o to, że się boi.

Warto pamiętać, że zarówno dzieci, jak i dorośli muszą pokonywać swoje lęki i że są one częścią życia.

PO LEKTURZE KSIĄŻECZKI BAWCIE SIĘ DALEJ!

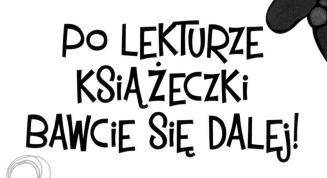

1. Zróbcie teatrzyk cieni. Wytnijcie różne postacie lub zwierzęta i przymocujcie je do patyczków. Wykorzystajcie gładką ścianę i zaświećcie lampkę. Zabawa gotowa. Wyjaśnij dziecku, jak powstaje cień.

2. Zawiąż maluchowi oczy. Poproś, żeby za pomocą dotyku lub węchu rozpoznał różne przedmioty. Jeżeli ma z tym trudności, stosuj podpowiedzi w formie zagadek.

3. Zachęć dziecko do opowiedzenia swojego snu. Spróbujcie wymyślić, co mogło zdarzyć się wcześniej lub co zdarzy się później. Na koniec niech każde z was narysuje swój sen.

KOLEJNYCH PRZYGÓD

SZUKAj W KSIĄŻECZKACH

SILViA SERRELi

LENA

CO SIĘ DZIEJE W BRZUCHU MAMY?

AKADEMIA INTELIGENTNEGO MALUCHA

SILViA SERRELi

LENA

CZY MOGĘ DOSTAĆ PIESKA?

AKADEMIA INTELIGENTNEGO MALUCHA

SILViA SERRELi

LENA

CZY JA JESTEM ŁADNA?

SILViA SERRELi

LENA

CZY KTOŚ NAPRAWDĘ LUBI WARZYWA?

AKADEMIA INTELIGENTNEGO MALUCHA

SILViA SERRELi

LENA

A CO, JEŚLI NIE POTRAFIĘ?

AKADEMIA INTELIGENTNEGO MALUCHA

SILViA SERRELi

LENA

CO MAM ROBIĆ, GDY SIĘ NUDZĘ?

AKADEMIA INTELIGENTNEGO MALUCHA

SILViA SERRELi

LENA

ILE WAŻY KŁAMSTWO?

AKADEMIA INTELIGENTNEGO MALUCHA